AF268005

LE
GOUVERNEMENT
DE RAISON

PAR

M. LAURENT

PRIX : 75 CENTIMES

PARIS

E. DENTU, LIBRAIRE ÉDITEUR

Galerie d'Orléans, 15, 17 et 19

PALAIS-ROYAL

LE GOUVERNEMENT

DE RAISON

PAR

M. LAURENT

PRIX : 75 CENTIMES

PARIS

E. DENTU, LIBRAIRE ÉDITEUR

Galerie d'Orléans, 15, 17 et 19

PALAIS-ROYAL

PRÉFACE

Nous publions cette brochure dans le but d'épargner à la France une catastrophe que nous voyons s'avancer à grands pas.

La République ne durera pas. Les républicains se condamnent à une tâche impossible qui consiste à vouloir une République sans républicains. De là, l'effroyable consommation d'hommes politiques dont nous sommes témoins. Ils arrivent, bavardent et tombent parce qu'ils sont dans le faux. Il aurait fallu commencer par le commencement : faire des républicains d'abord et la République ensuite.

Dans notre siècle, qui ne brille ni par le sens moral, ni par le sens politique, on fait autrement. On met la charrue devant les bœufs, et l'on dit : cultivons et moissonnons. La récolte est mauvaise, et les seuls étonnés sont ceux qui ne doutent de rien.

Mais voici le danger. Tous s'useront à vouloir ce qui ne se peut, si bien que tout gouvernement deviendra impossible. Le pays, lassé, fatigué, écœuré, s'abandonnera de nouveau et tombera dans l'anarchie. Alors une minorité énergique, violente, s'emparera du pouvoir, règnera par la terreur, et l'on verra une nouvelle Commune avec des représailles dont la seule pensée fait frémir.

Il n'est qu'un seul moyen de parer à ce danger. C'est que les hommes qui veulent l'ordre fassent taire l'esprit de parti, les haines personnelles et le reste pour s'entendre, s'accorder sur le terrain du juste et du vrai, pour former une majorité forte, homogène, compacte, voulant le seul gouvernement qui puisse durer : le gouvernement de raison.

C'est ce gouvernement que nous allons exposer. Nous ne ferons pas de polémique, seulement de la discussion philosophique. Nous ne serons pas homme de parti, nous réprouvons l'esprit de parti comme comme contraire à la raison. C'est la vérité que nous voulons extraire de la confusion babelique actuelle pour la mettre sous les yeux du public.

Notre âge nous défend toute ambition personnelle. Nous montrerons la vraie route à suivre sans être bien sûr d'y mettre le pied.

Que l'on nous écoute donc puisque nous ne voulons que le triomphe d'idées saines et justes.

GOUVERNEMENT DE RAISON

La France traverse en ce moment une crise des plus redoutables, tellement redoutable que l'on peut se demander si elle n'est pas en danger d'y périr. En effet, cette crise persistant doit fatalement aboutir à l'anarchie, et l'anarchie a la révolution sociale pour dernière conséquence.

L'étranger, qui nous guette, ne pourra-t-il pas profiter des circonstances pour essayer d'éteindre le foyer révolutionnaire en nous faisant subir le sort de la Pologne. De bons esprits le craignent et le public lui-même s'en émeut. Il est vrai que l'on peut espérer que les rois, ayant à se défendre contre leurs propres sujets, n'auront ni les loisirs, ni les moyens de nous attaquer. Cependant, cela n'est pas absolument certain. L'Europe n'est pas encore si imbue des principes révolutionnaires pour que, même en Allemagne et malgré les socialistes qui ne sont encore qu'une infime minorité, une guerre contre la France n'y soit pas populaire, surtout si l'on avait l'espoir fondé de nous ravir encore une ou deux provinces et de nous faire payer encore une rançon plus forte qu'en 1871.

L'Italie, qui ne nous aime guère, pourrait aussi reven-vendiquer Nice et la Savoie, cédées à regret. Tels sont les périls auxquels il faut parer pour rentrer dans les conditions de tranquillité, de sécurité normales.

Et tout d'abord il importe de rechercher quelles sont les causes qui ont pu amener un état de choses aussi critique.

Ces causes sont de deux sortes : l'une publique, l'autre sociale ; la division des esprits, cause politique ; l'antagonisme du peuple et de la bourgeoisie, cause sociale.

Attaquons-nous d'abord à la première de ces causes, c'est dans l'ordre.

Cette division des esprits qui aboutira fatalement à l'anarchie est tout à la fois le fléau et la honte de notre époque en ce qu'elle témoigne, ou que nous sommes impuissants à découvrir la vérité, ou que notre perversion nous porte à la nier lorsqu'il y va de notre intérêt, ce qui est un peu vrai. N'est-ce pas l'esprit de parti qui est la principale cause du mal ? Ne sont-ce pas les journaux qui, avec leur fameuse polémique, ambrouillent toutes les questions au lieu de les résoudre ? Mais l'intérêt des journaux n'est-il pas de perpétuer ce gâchis pour avoir leur raison d'être ?

On parle beaucoup progrès, le progrès est encore à naître.

La liberté de la presse est-elle un progrès ?

Oui et non. Bien pratiquée, se vouant à la recherche de la vérité par la discussion philosophique, c'est un très grand bien ; mal pratiquée, ne faisant que de la polémique inspirée par l'intérêt d'une coterie, quelquefois d'un simple individu, c'est une peste. Ce que l'on peut voir, c'est que, sur 100 journaux qui se publient, il n'en est pas 2 qui disent exactement la même chose. On demande comment on peut avoir raison de cent manières différentes en disant tout le contraire les uns des autres ?

On est toujours puni par où l'on a péché. Avant peu, le journal sera complètement discrédité, alors qu'il ne sera plus possible de former un ministère offrant quelques chances de durée. Il ne sera plus nécessaire de museler la presse. Le journal aura péri comme périssent les meilleures choses : par l'abus que l'on en fait.

Les journaux sont à peu près comme cet avocat qui, reconduisant un client qui venait le prier de l'accommoder avec son adversaire, s'écriait en lui fermant la porte sur le dos : « Eh ! ces b.....-là, si nous arrangions leurs affaires, est-ce que nous ferions les nôtres ? »

Si les journalistes voulaient une bonne fois s'entendre et donner une solution aux questions qui nous divisent, que deviendraient les journaux ?

De la liberté de la presse, on en reviendra, et ce sera un progrès.

Le désordre dans les esprits étant le prélude du désordre dans la rue, essayons d'y mettre fin pour échapper à ses terribles conséquences.

Qu'on le veuille ou non, la vérité n'est qu'une. Deux et deux font quatre, et ne peuvent faire que quatre. C'est la vérité mathématique. Eh bien ! en toutes choses il en est de même, en toutes choses la vérité n'est qu'une. Il n'est donc qu'une seule manière d'avoir raison.

En faisant l'application de ce procédé à nos différends politiques et sociaux, il sera facile de leur donner une solution

Si nous avons quatre ou cinq partis qui font le malheur de la France : légitimistes, orléanistes, bonapartistes, républicains, socialistes, etc., etc., comment peuvent-ils avoir tous leur raison d'être, la vérité n'étant qu'une?

C'est ou la monarchie, ou l'empire, ou la république qui convient à la France, ce ne peut être et la monarchie, et l'empire, et la république. C'est *OU* et non pas *ET*. Un seul de ces partis doit être plus dans le vrai que tous les autres. Quel est ce parti ?

Voilà la seule question à élucider pour arriver à l'unité. N'oublions pas que le propre du progrès est de tendre à l'unité, la vérité n'étant qu'une, comme nous venons de le dire.

Eh bien ! le parti que recommandent la raison et le bon sens est le parti qui veut la monarchie héréditaire, constitutionnelle, *populaire*, telle que la voulait le marquis de la Gervaisais qui disait : « Le roi du peuple enfante un peuple au roi. » Cette monarchie n'a pas encore été expérimentée. Charles X n'était que le roi de la noblesse et du clergé ; Louis-Philippe, le roi de la bourgeoisie. Ils sont tombés parce qu'ils n'avaient pas jeté de racines dans le pays. Ils ne pouvaient trouver la force dans ces minorités, c'est dans le peuple qu'il la fallait chercher.

La monarchie constitutionnelle a tous les avantages de la république avec les inconvénients en moins : l'instabilité du pouvoir. Voilà ce que reconnaîtront tous les esprits non prévenus qui ne se fanatisent pas d'un mot : la république !

La monarchie constitutionnelle est la forme de gouvernement la plus savante, la plus perfectionnée qui ait jamais paru sur la surface du globe. C'est l'institution politique chère aux penseurs, aux lettrés, aux hommes d'Etat, à tous ceux qui aiment une Constitution élaborée par de grands esprits où tout est pondéré, équilibré, réglé au mieux possible. On objectera que la monarchie ayant déjà péri deux ou trois fois se trouve définitivement condamnée. Nous répondrons que la monarchie que nous préconisons n'a jamais existé, et nous avons dit les causes de la chute de la monarchie légitime et de la monarchie de Juillet.

La république étant impossible (nous le prouverons), nous voulons une forme qui s'en rapproche le plus et soit la chose sans le mot (aujourd'hui, c'est le mot sans la chose). Nous voulons une monarchie, non pas avec des institutions républicaines, ce qui ne produirait pas grand'-chose, mais avec les mœurs et les sentiments républicains, afin de rétablir la bonne harmonie entre les pauvres et les riches, détruisant ainsi la seconde cause de nos périls.

La monarchie constitutionnelle, avec le suffrage universel, est en réalité une république perfectionnée. Le pouvoir est plus stable, l'ordre mieux affermi, l'on y est plus à l'abri des coups d'Etat que sous la forme purement républicaine. Toutes les améliorations, les réformes, les innovations y sont possibles, et l'on évite les perturbations qui, dans un pays où il y a plusieurs partis, où la division des esprits est poussée à l'extrême, peuvent se produire lors de l'élection présidentielle, perturbations pouvant aller même jusqu'à la guerre civile. Ce que nous voyons déjà n'est pas fait pour nous rassurer sur la nouvelle élection d'un président. Comment se passera l'année 1885 ?... Et les suivantes ?

De même, les changements de ministère sont moins à appréhender. Que des ministres soient renversés, ayant pour objet un changement de politique, même radical, le public n'en sera pas effarouché parce que le roi, que l'on peut considérer comme le drapeau de l'ordre, est là pour présider à la formation d'un nouveau ministère et qu'il sera comme le trait-d'union entre les anciens et les nouveaux ministres qu'il mettra au courant des affaires dont il a la connaissance, la pratique. Le changement se faisant sans secousses, sans ébranlement profond, les affaires n'en seront pas interrompues. C'est à peine si la Bourse baissera de quelques centimes. Enfin, qu'il y ait des orages, des tempêtes parlementaires, ce ne seront jamais que des tempêtes dans un verre d'eau.

Sous la république, c'est autrement grave. Le président étant soumis à l'élection, il peut arriver que l'expiration de ses pouvoirs coïncide avec un changement de ministère, avec des élections pour la Chambre des députés et le Sénat, alors le désarroi est complet. Voilà ce que nous verrons en 1885, si la Chambre actuelle va jusque-là.

Mais quels sont ceux qui peuvent faire de l'opposition et même prendre en haine une forme de gouvernement qui présente tant d'avantages et si peu d'inconvénients? Les fanatiques à froid, qui s'entichent d'un mot : la République !

Le républicain se croit homme de progrès et c'est possible. Cependant il est encore au moins d'un demi-siècle en retard. Il n'est que sectaire de l'opinion qui le tient sous son joug et pas encore disciple de la raison. Son grossier républicanisme, qualifié de jacobinisme éteint le peu de lumière qui pourrait exister dans son cerveau obtus.

Ces grands politiques s'imaginent avoir raison de tout en proclamant « le triomphe de l'opinion républicaine »; ne savent-ils pas que l'opinion a toujours été et sera toujours l'ennemie de la raison?

Jamais un homme d'opinion avancée n'a raisonné juste. Puis, que l'opinion viennent à changer, de qui, de quoi réclameront-ils ?

La République a émancipé le peuple, prétendent-ils. Erreur ! Le peuple a été émancipé par Louis-le-Gros. Le peuple a conquis la République. Belle conquête ! ma foi. A-t-il conquis la vie à bon marché, dont on ne parle plus, les loyers sont-ils moins chers, les conditions de la vie moins dure qu'il y a vingt ans ? Où est le progrès ?

L'élévation des salaires n'est pas non plus due à la proclamation de la République, mais à l'abondance de l'argent qui a fait tout augmenter, les salaires comme le reste. Qu'il survienne une année de chômage, que deviendra l'ouvrier qui, avec ses gros salaires ne peut rester un mois sans travailler, au dire de Louis Blanc lui-même.

Pour ces cerveaux détraqués, dont quelques-uns ont pu verser leur sang pour le triomphe de leur idole, l'idée est tout, fut-elle fausse. Que le peuple soit glorieux et libre, qu'il soit souverain et tout est pour le mieux et dans le meilleur des mondes possibles. Tant pis s'il crève de faim ! N'a-t-il pas la République ? Cela doit le satisfaire.

Resterait à démontrer que, pour cette fois au moins, l'opinion se trouve d'accord avec la raison. C'est ce que nous allons voir et nous mettons au défi les républicains passés, présents et futurs de nous réfuter victorieusement.

La République est absolument impossible chez nous, parce que le Français n'a ni les mœurs, ni le caractère républicain. Bien mieux, il est anti-républicain par excellence. Le Français est ainsi fait, qu'il aimera toujours mieux être gouverné que de se gouverner lui-même. S'occuper de ses affaires lui répugne, il préférera se décharger de ce soin sur autrui, ce qui explique les huit millions de suffrages obtenus par Louis-Napoléon, le héros de Strasbourg et de Boulogne.

Que peut-on espérer d'un peuple léger, inconstant, frivole, follement enthousiaste, passionné pour la gloriole militaire, à qui il faut toujours une idole à encenser, sauf à la piétiner après l'avoir adorée un moment ? Ne faudrat-il pas toujours être en garde contre un coup d'État tenté aux applaudissements de la multitude (M. Thiers dirait de la vile multitude) par un de ces demi-dieux d'un jour ? Quelle peur M. Gambetta n'inspirait pas aux radicaux intransigeants. Un général, président de la République, les ferait tomber en syncope et il y aurait de quoi. Une guerre venant à éclater, ce général s'emparant du commandement de l'armée et remportant une victoire, mettrait la République dans sa poche et se ferait élire dictateur aux applaudissements de la foule dont les vivats feraient frémir sur son piédestal la statue de la République que vous aurez érigée en vain sur la place publique.

Les républicains radicaux-intransigeants le savent bien et prennent leurs précautions qui ne leur serviraient de rien. On ne réforme pas le caractère d'une nation. Par le soin qu'ils mettent à combattre toute apparence de dictature, ils avouent implicitement que leur République est peu solide et que fonder sur le peuple français, c'est fonder sur le sable.

Voilà ce que les hommes doués de quelque bon sens voient clairement, mais voilà aussi ce que ne verra jamais un républicain bien encroûté, et le vit-il, qu'il ne l'avouera jamais, dut-on l'écarteler.

Combien d'échecs ils ont pourtant déjà à enregistrer, ces fanatiques de la République. Le plus fameux, ça a été la nomination de Louis-Napoléon à la présidence de la République, le 10 décembre.

Arrivé au pouvoir, grâce à cette belle révolution de février, si féconde en bons résultats, M. Ledru-Rollin et ses collègues s'empressent de proclamer la République et d'instituer le suffrage universel. Voilà donc le peuple devenu souverain qui, sans nul doute, va se montrer reconnaissant envers ceux à qui il doit sa souveraineté en nommant un républicain. Nenni ! c'est un prince qu aura cet honneur, un Napoléon dont le nom signifie non pas liberté, République, mais bien autorité, despotisme, tyrannie même ! Quel rude camouflet pour ce bon M. Ledru-Rollin. Il est vrai qu'on va lui ériger une statue... Il l'a bien méritée !

Diront-ils qu'au 10 décembre il y a eu escamotage, urne à double fond, alors que le général Cavaignac était dictateur, qu'il avait usé de toutes les ressources de l'administration et qu'une fois même, dans l'intérêt de sa candidature, il avait retardé d'une heure le départ des malles-postes, ce qui ne l'a pas empêché d'avoir quatre millions de voix de moins que son concurrent.

Bien que Louis-Napoléon ait forfait à l'honneur par un coup d'État, toujours est-il qu'il faut reconnaître à sa décharge que sept ou huit millions d'intéressés ou d'inconscients l'ont en quelque sorte absous de son manquement à la foi jurée.

Un républicain pur sang, traitera de superstition stupide la foi catholique et particulièrement le culte de la Vierge Marie. Lui, l'homme de la lumière et du progrès, il aura la *foi* républicaine devant un plâtre coiffé d'un bonnet phrygien, il fera ses génuflexions ! Bonne République, Sainte République ! s'écriera-t-il.

Et dire qu'en plein dix-neuvième siècle il y a encore de pareils infirmes d'esprit !

Se passionner pour une forme politique quelconque est une sottise. Une nation n'est heureuse qu'autant qu'elle est bien gouvernée, qu'autant qu'il y a au pouvoir des hommes capables et honnêtes. Quand de tels hommes font défaut, on est aussi mal sous la République que sous la monarchie, que sous n'importe qu'elle constitution ou institution.

Le mal de notre époque est précisément de ce qu'il n'y a pas d'hommes, d'hommes supérieurs s'entend. Ce n'est donc pas *Vive la République* qu'il faut crier, mais bien vive un bon gouvernement !

Qu'un vêtement soit coupé à telle ou telle mode, la forme peut être plus élégante, plus commode ; mais si l'étoffe est mauvaise, le vêtement n'en sera pas meilleur. De même en politique, c'est au fond qu'il faut attacher de l'importance et non à la forme.

Qu'un conférencier parle avec emphase de la République et de ce qu'il faut en attendre, que voyons-nous? Des avocats travestis en hommes politiques qui ne peuvent même pas parvenir à s'entendre.

Pas de parleurs, des penseurs qui trouvent la vérité dans les profondeurs où elle se tient cachée et mettent fin au désordre actuel qui nous conduirait fatalement à l'abîme.

Nos avocats ne se donnent pas tant de peine. Ils s'usent à vouloir une république sans républicains. Dans un siècle où l'intérêt personnel domine ou l'égoïsme règne en maître la République ne se peut. C'est la guerre civile qui est plus posible. L'égoïsme étant le vice antisocial par excellence doit fatalement aboutir à la lutte de ceux qui u'ont pas contre ceux qui possèdent.

Si donc vous voulez la République, montrez-nous des républicains, non pas des républicains d'opinion, de vrais républicans de mœurs, de caractère, de sentiment. République oblige! Il faut les vertus républicaines, sinon pas de République. Pas le mot sans la chose !

Le titre « de citoyen » ne doit pas non plus être donné au premier venu. Il n'appartient qu'à celui qui le mérite par une vie austère et digne. Aussi quand nous voyons les orateurs de club se décerner avec affectation la qualification de « citoyen » sommes-nous tenté de nous écrier : où le civisme va-t-il se nicher !

Discuter plus longtemps serait fastidieux, l'expérience se fait et le résultat est facile à prévoir. La République périclite, les républicains ne s'entendent pas, parce qu'ils sont dans le faux.

C'est ici qu'il faut nous prêter attention, nous entrons dans le vif de la question.

La République sombrant, s'il n'y a rien de préparé pour la remplacer, elle tombera dans une mare de sang. Ses successeurs immédiats ne seront ni les socialistes, collectivistes ou autres, ni les anarchistes qui ne savent ce qu'ils veulent, mais bien les terroristes, disciples de Blanqui, qui feront table rase au sein de la guerre civile et avec toutes ses horreurs. Les haines, les vengeances populaires se donneront carrière et le sang coulera à flots. Les choses suivront le cours ordinaire et fatal : une seconde terreur pire que la première, une nouvelle réaction thermidorienne où les égorgeurs seront égorgés à leur tour, en dernier lieu le despotisme.

Lorsqu'à bout d'expériences de toutes sortes qui n'auront abouti qu'à des ruines ; lorsqu'on aura souffert mille maux, alors on éprouvera le besoin de s'entendre, de s'accorder et force sera de revenir au point de départ : la monarchie. On aura fait le grand tour, on aura pris le chemin des écoliers, on regrettera le temps perdu et les souffrances endurées sans compensation. Ne serait-il pas désirable et avantageux que l'on revint à la monarchie avant et non après la catastrophe ?

Ici, une réflexion s'impose à notre esprit et nous ouvrons une parenthèse pour y donner place.

Lorsque nous voulons préserver la France de la révolution sociale dont elle est menacée, ne sommes-nous pas atteint de cette manie de l'impossible que nous reprochons aux républicains? N'allons-nous pas contre les desseins de la Providence qui veut châtier le monde moderne de ses iniquités, de son défaut de croyance, de son égoïsme, de son culte exclusif des intérêts matériels ? Ou bien est-ce la fatalité ou mieux la force des choses qui pousse ce vieux monde sans principes à sa perte, afin que sur ses ruines s'élève un monde nouveau avec une croyance forte qui le fera durer.

C'est à rester stupéfait de voir quelle rage de destruction anime cette grande majorité de la bourgeoisie aujourd'hui maîtresse du pouvoir, ou qui le convoite comme les radicaux et les intransigeants.

Que veulent ces bourgeois de toutes nuances ? Quel est leur but ? Où s'arrêteront-ils ? Quel est celui d'entre eux qui pourra dire au flot révolutionnaire : tu n'iras pas plus loin ? M. Gambetta qui l'avait essayé, en coupant sa queue de Belleville, a dû, avant de mourir, être bien convaincu de son impuissance. Les révolutions sont comme Saturne, elles dévorent leurs enfants. M. Gambetta était à moitié dévoré. Il est mort à temps pour sa gloire, il a évité un piteux échec.

Après lui qui sera plus heureux? Sera-ce M. Clémenceau ?

Le député de Montmartre a la mémoire courte, ou l'ambition l'aveugle. Il devrait se souvenir que, quelques jours après le 18 mars, il eût maille à partir avec ceux de la Commune qui l'incarcérèrent. Il est vrai que sa captivité

fût de courte durée. Mais les scènes plus récentes du Cirque
Fernando, et la canne qui s'est levée sur lui peuvent le
fixer sur le sort qui lui serait réservé dans le cas où il arri-
verait au pouvoir, il se verrait dépassé, débordé, sacrifié.

Ainsi voilà des gens bien pourvus, bien nantis, ayant
pignon sur rue, possédant actions et obligations de toutes
sortes, riches en un mot, qui au lieu de s'attacher à conserver ces biens si essentiels au temps où nous vivons
s'avisent de jouer au jeu des révolutions comme si à ce
jeu-là ils ne devaient pas se brûler les doigts.

Ils se font démolisseurs..... préparant les voies à ceux
qui n'attendent que le moment de les dépouiller. Heureux
encore s'ils veulent bien leur laisser la vie.

Qu'un homme sacrifie sa fortune, sa vie même au
triomphe de principes, d'idées justes devant remplacer un
ordre de choses vermoulu par un autre plus dans le vrai,
c'est digne d'éloges. Malheureusement le programme
radical-intransigeant ne contient rien de semblable. Il n'y
est question que de réformes politiques absolument stériles
pour le bien du peuple qui ne s'en contenterait pas
exemple : la révision de la constitution. Après ! Des consti
tutions nous en avons déjà bien usé une vingtaine et nous
en userons encore vingt autres avant de nous trouver
mieux que nous ne sommes.

Les intransigeants ressemblent exactement à un pédi-
cure qui trouverait utile d'enlever les cors aux pieds d'un
malade agonisant sous prétexte qu'il en est gêné dans sa
marche. A quoi bon des réformes politiques, écono-
miques mêmes, alors que nous sommes sous le coup d'un
effondrement complet.

Les intransigeants, comme les opportunistes, peuvent
fournir une étape, rien de plus. C'est à la propriété que
l'on en veut. Le mouvement révolutionnaire ira jusqu'à
la révolution sociale inclusivement, à moins qu'il n'y ait
un puissant accord pour lui opposer une résistance effi-
cace.

Mais comment espérer cet accord, alors que toutes les têtes sont sous l'influence de cet esprit « de vertige et d'erreur » dont parle le poète, alors que c'est le « *quos vult perdere jupiter demenlat* » des anciens.

Tout le monde est révolutionnaire, tous sapent avec frénésie le viel édifice social sans souci du lendemain. C'est le hasard qu'ils chargent de sauver l'avenir.

La bourgeoisie républicaine laïcise les écules, remplace les emblèmes religieux par un buste de la République. Quel bien peut produire ce plâtre républicain ? C'est que cette bourgeoisie, sous le coup de cette fatalité dont nous venons de parler, lasse du bien-être dont elle jouit, se jette à corps perdu dans la politique d'aventures au bout de laquelle elle trouvera sa ruine complète et méritée.

Sous la terreur même on était plus conséquent. Fermant les églises, les terroristes ouvraient le temple de la raison. C'était titanesque, burlesque, grotesque, enfin c'était quelque chose. Aujourd'hui, rien que des ruines..... Il y a progrès.

Il en est, et les plus intelligents, qui sondant la profondeur du mal et le trouvant incurable, se prennent à souhaiter que les évènements sanglants que nous prophétisons et qu'ils prévoient comme nous s'accomplissent et prochainement, estimant que c'est un mal nécessaire qui remettra tout le monde dans le droit chemin. Nous sommes bien un peu de cet avis. Alors fermons la parenthèse et que les destinées de la France s'accomplissent.

D'autres, aux vues plus courtes, plus matérialistes, mettent leur espoir en un pouvoir fort : un sabre. Ce moyen est des plus mauvais.

Ils sont jusqu'à trois qui en ont usé et qui, ayant réussi un moment, furent proclamés : sauveurs de la société ! sans que pourtant ils aient pu la tirer de danger, puisque cette société, trois fois sauvée, est encore plus en péril que jamais.

Le premier c'est le général Cavaignac qui réprimait l'insurrection de juin et en fut récompensé par la dictature. Après lui la société fut sauvé une seconde fois par Louis-Napoléon avec le coup d'Etat du 2 décembre. De combien d'éloges ne fut-il pas l'objet ! C'était un prince béni des cieux, l'élu de la Providence ; son gouvernement était un gouvernement restaurateur, réparateur, etc., etc. Ces titres pompeux n'ont pourtant pas empéché la révolution du 4 septembre, et la société s'est trouvée de nouveau en danger.

Le troisième, le maréchal de Mac-Mahon, qui vainqnit la Commune et rétablit l'ordre. Ordre bien précaire, puisqu'après une répression des plus sanglantes, on crut devoir amnistier ceux qui avaient eu la vie sauve. Cette amnistie était en quelque sorte la condamnation de la répression.

Nous l'avons dit, ce moyen ne satisfait pas. Contre l'idée la force est impuissante. Elle peut la refouler, la comprimer, non la détruire. L'idée reste vivace, fermente, agit en dessous, quelque fois ouvertement comme nous le voyons en ce moment, préparant une nouvelle explosion, dite revanche, et la lutte recommence. La raison seule peut triompher de l'idée en prouvant qu'elle est fausse et l'annihilant.

L'idée qui trouble le monde actuel est l'idée socialiste. Soumettons cette idée au creuset de la raison ; trouvons le pur métal qu'elle peut contenir et jetons les scories au vent. Voilà ce que les journalistes devraient s'attacher à faire et qui voudrait mieux que leurs disputes et leurs duels, qui déshonorent le journalisme et produiront sa ruine dans un prochain avenir, ce que nous avons déjà dit.

Oui, il faut un pouvoir fort, mais à la condition de distinguer entre la force morale, intellectuelle, et la force brutale. Nous voulons la première ; nous repoussons l'autre.

La force morale a pour base les deux principes fondamentaux de toute société civilisée : la justice et la raison,

Si elle prétend régner, c'est au nom de la vérité et pour le bien de tous. Tous les hommes de génie ont été autoritaires, et il fallait qu'ils le fussent, pour le progrès de l'esprit humain et de la civilisation.

La force brutale s'impose par tous les moyens compressifs possibles : par l'armée, la police, le mutisme de la presse, etc., etc. Ce régime conduirait à la barbarie, n'y ayant plus de justice dans le monde.

Un pouvoir fort ne peut donc être fondé que par l'autorité d'une haute intelligence et d'un grand caractère.

Le principe d'autorité est bien une vérité si, dans l'intérêt de tous, c'est le plus capable qui occupe le pouvoir et non un ambitieux, vaniteux et impuissant, qui se croira un génie quand il ne sera qu'un sot.

L'empereur était dans ce dernier cas. Il n'avait absolument que son nom, qu'il croyait un talisman qui devait le faire réussir dans toutes ses entreprises. Les événements ont dû lui apprendre qu'un homme qui avait la prétention de fonder une dynastie devait posséder les capacités nécessaires.

Louis-Napoléon peut être apprécié en quelques mots. Il avait pour trait distinctif le manque de jugement. Les expéditions de Strasbourg et de Boulogne le prouvent surabondamment. Il a voulu jouer un rôle au-dessus de ses forces. Il n'y avait pas en lui l'étoffe d'un empereur et il a échoué comme échoueront tous ceux qui veulent le pouvoir sans se demander s'ils sont de taille à l'occuper.

Le prince Jérôme, qui vient de publier son manifeste, aurait dû se poser cette question, et il aurait fait preuve de bon sens en répondant par la négative.

A-t-il songé aux conséquences certaines du rétablissement de l'empire? Assurément, non, et ses partisans n'y songent pas davantage.

Ce serait risquer une quatrième invasion. Tout d'abord la guerre avec la Prusse. Or, l'empereur Guillaume ne nous a fait la guerre en 1870 que pour remplir une mission dont il avait été chargé par tous les cabinets européens : mettre la dynastie impériale à la porte. L'épilogue de cette guerre a eu lieu dans le Zulluland..... Nous n'en dirons pas plus. Si les bonapartistes n'y voient pas clair, qu'ils mettent des lunettes. Jamais un Napoléon ne règnera en France du consentement de l'Europe.

La France doit-elle risquer de telles éventualités pour introniser un Bonaparte? Qu'on réponde !

Examinerons-nous l'hypothàse d'un coup de main militaire? Où est le général jouissant d'assez de prestige pour oser le tenter? Le maréchal Canrobert n'a-t-il pas dit : « Je pourrais affronter la guerre civile dans les rues, mais non dans les casernes. »

Un coup d'Etat, réussît-il, qu'il ne terminerait rien. Il ouvrirait seulement l'ère des pronunciamentos, que nous ne souhaitons pas à notre pays.

Le triomphe de la force est précaire; seul le triomphe de la raison est durable.

Ce qu'il faut à la France, comme à toutes les nations, c'est un gouvernement qui ne soit ni un gouvernement de révolution, ni un gouvernement de force militaire, ni même un gouvernement d'opinion, mais un gouvernement de raison. C'est ce gouvernement que nous voulons pour notre pays. Nous voulons la monarchie héréditaire, constitutionnelle, *populaire*, non par esprit de parti, étant ennemi déclaré de l'opinion, mais parce que nous avons la conviction réfléchie, méditée, que le rétablissement de la royauté pourra seul nous sauver de la tempête qui va éclater sur nos têtes.

Ne croyant pas à la durée de la République, nous prenons nos précautions afin d'être prêt à la remplacer, pour éviter une anarchie dont nous avons dit les terribles conséquences.

Quelles objections sérieuses peut-on nous faire?

Aux impérialistes, nous disons : N'espérez pas un troisième empire; l'Europe entière s'y opposerait. Tant pis pour vous si la guerre de 1870 et la mort du prince impérial ne vous ont pas ouvert les yeux; c'est que vous êtes aveugles ! La raison d'Etat pèse sur le nom des Napoléons en expiation des flots de sang que le premier empereur a fait verser. Sachez vous résigner.

Aux républicains : Une république sans républicains est une chimère. Laissez faire les évènements et vous en serez pleinement convaincus.

Au peuple : Avec la monarchie, le suffrage universel étant conservé, le peuple est tout aussi souverain que sous la République. Il peut, si bon lui semble, imposer le mandat impératif à ses élus, comme avec le gouvernement républicain.

Que si les fanatiques de l'opinion s'entêtent à vouloir conserver leur *sainte République*, nous leur donnerons un bon conseil : Qu'ils mettent fin à leurs haines, à leurs rivalités, à leurs divisions; qu'ils s'entendent, s'accordent et fassent que les clairvoyants et autres aient foi en la durée de la République.

Que si, au contraire, nos prévisions se réalisent et que la République ne puisse tenir, qu'ils se rallient à notre gouvernement de raison, qui est un *vrai* progrès sur la République, laquelle n'est qu'un gouvernement d'opinion.

Nous ne sommes pas exigeant. Pour croire à la République, nous demandons seulement que M. Grévy montre à nos yeux ébahis, un ministère, non d'avocats, mais d'hommes capables, assuré de vivre plus d'une législature.

S'agira-t-il de réformes? Nous voulons la plus importante de toutes, celle qui rendrait toutes les autres inutiles, la réforme sociale, ou, pour parler plus exactement, la réforme de la société. Il faut absolument que l'égoïsme soit foulé aux pieds et que la fraternité règne dans le monde. Que la France redevienne ce qu'elle fut autrefois, une nation noble, grande, généreuse, chevaleresque, à ce prix seulement, les périls sociaux disparaîtront. Sinon, non! Que tous se le disent et avisent.

Trop souvent on a mis sur le compte du gouvernement ce qui n'était que le fait de la société. C'est ainsi que le gouvernement de Louis-Philippe fut traité de « corrupteur. » Le proverbe dit : « S'il n'y avait pas de recéleurs, il n'y aurait pas de voleurs. » S'il n'y avait pas non plus des hommes corrompus qui s'accommodent fort bien de la corruption et même la provoquent, il n'y aurait pas non plus de corrupteurs. Se figure-t-on un recéleur achetant à vil prix des objets dérobés et disant aux voleurs : « Canailles! gredins! vous méritez le bagne!»

Louis-Philippe a fait ce qu'il a pu, non ce qu'il voulait. Si le 24 février il est parti, contre l'avis du maréchal Bugeaud qui se portait fort de balayer toutes les barricades en deux heures, c'est qu'il était dégouté, écœuré de tous les tripotages, les scandales dont il avait été témoin, sans pouvoir les empêcher. Nous le savons de bonne part.

On ne mène pas les chiens à la chasse à coups de bâton. On ne peut pas non plus contraindre les hommes à faire leur devoir quand ils ne le veulent pas.

Travaillons à faire œuvre qui dure. La société par le fait de l'égoïsme, ressemble à un mur en pierres sèches qui vacille au moindre vent en attendant qu'une bourrasque le renverse sur le sol. Le trône de Louis-Philippe a été fortement ébranlé par la cherté du pain de 1847. Louis-Napoléon n'a pas résisté à la déroute de Sedan. La République ne supporterait pas mieux une année de chômage et de misère. Le pouvoir n'a pas d'assises fortes parce que les gouvernants sont aveugles et ne font pas ce qui conviendrait.

Qu'ils s'attachent à rétablir l'union, la concorde, la bonne harmonie entre toutes les classes de la société, le peuple ne saisira plus un prétexte quelconque pour faire une révolution qu'il ne désirera pas.

La réconciliation des pauvres et des riches opérée, la fraternité règnant au sein de la société, il n'y a plus rien à faire et de longues années de prospérité *inouïe* en seraient la récompense.

Mais s'attarder à des disputes politiques qui ne peuvent rien, c'est vouloir tout perdre.

Nous nous résumons :

Deux causes principales, avons-nous dit, pèsent sur les destinées de la France et en assombrissent le cours : la division des esprits, l'antagonisme du peuple contre la bourgeoisie.

Pour faire cesser la première, nous proposons la monarchie constitutionnelle héréditaire, *populaire*, qui n'est, nous l'avons démontré, qu'une République perfectionnée. Il y a donc progrès et *c'est le gouvernement selon la raison.*

Pour la seconde : la réforme de la société, la pratique des sentiments vraiment conservateurs qui mettent les nations à l'abri des révolutions. C'est avec la liberté, la solidarité, la fraternité, la libéralité financière, qu'il ne faut pas confondre avec le stérile libéralisme politique.

Hors de cette solution, point de salut pour le monde moderne.

Et qui vivra verra, d'ici à quelques années!...

Nous ne terminerons pas sans dire un mot au sujet des prétendues conspirations qui ont fourni prétexte aux lois d'exception rejetées par le Sénat.

Nous réprouvons les conspirations comme contraires à nos principes de raison; néanmoins, nous ferons observer aux républicains qu'en pareilles circonstances, ils doivent faire preuve de la plus grande modération, se rappelant leur passé. Sous tous les gouvernements n'ont-ils pas conspiré? Tout récemment encore, ne viennent-ils pas de glorifier les conspirations, en changeant le nom d'une partie du boulevard Ornano pour lui donner celui d'un conspirateur émérite, *l'illustre* Barbès? N'est-ce pas ce chevalier de la République, comme ils disent, qui fit cette belle équipée de mai 1839, laquelle coûta la vie au lieutenant commandant le poste de la Banque?

Que le fanatisme politique soit admis comme circonstance atténuante de ce crime, soit. Que l'auteur en soit honoré, c'est monstrueusement immoral!

C'est un signe des temps qui montre dans quel désordre politique et moral la France est tombée.

Et ils veulent que la République dure!

Nous croirions plus volontiers à la fin du monde.

Paris. — Imp. H.-M. Duval, rue de l'Echiquier, 17